पंक्तियां

KUCHH MEREE KUCHH TUMHARI

राजन केसरी

ISBN 979-888555192-2

"यह पुस्तक उन सभी के लिए है जो स्वयं को शब्दों में खोजने
की खोज में हैं "

क्रम-सूची

प्रस्तावना

हमारे जीवन में आए दिन कई घटनाएं घटती रहती हैं। और यह कहना गलत नहीं है कि हर दिन हमारे साथ वही चीजें बार-बार होती हैं जो इस लंबे जीवन को समायोजन का बना देती हैं। मैंने पाया कि लोगों ने जीवन की एक बिल्कुल नई अलग अवधारणा बनाई है। जीवन जिसमें शांति की सांस नहीं है। इसलिए, 5 कविताओं की इस पुस्तक में मैंने अपने जीवन के कुछ महत्वपूर्ण पहलुओं को इकट्ठा करने की कोशिश की है जिन्हें नजरंदाज कर दिया गया है। मैं स्वीकार करता हूं कि मैं कोई संत नहीं हूं जो आपको जीवन के पहलू की सलाह दे। लेकिन मेरे आस-पास के जीवन का निरंतर अवलोकन करने के बाद। मेरी जिज्ञासा ने मेरी विचार प्रक्रिया को शब्दों में समेट दिया। इस पुस्तक की सामग्री केवल एक कविता नहीं है। वे ऐसे शब्द हैं जो या तो समायोजन की गहरी सांस से या जीवन के व्यस्त जाल के बोझ से दब जाते हैं।

पावती (स्वीकृति)

बहुत सारी घटनाएं और लोग हैं जिन्होंने मुझे कविता निर्माण के लिए प्रेरित किया हैं। मेरा मानना है कि मेरे जीवन में कुछ ऐसी परिस्थितियां थीं जिन्होंने मुझे अपने जीवन के कुछ महत्वपूर्ण सत्य का एहसास कराया। ये बातें प्रकृति ने सिखाई हैं या, हम कह सकते हैं कि, यह सच्चाई हमारे समाज के सांचे में ढली है। मैं भगवान को धन्यवाद देता हूं जो मुझे अपने आसपास के लोगों द्वारा कुछ नाटकीय परिस्थितियों का निर्माण करके ज्ञान के साथ आशीर्वाद देते हैं। इस पुस्तक की प्रेरणा मेरे निकटतम के लोग और मेरे आसपास के लोगों द्वारा बनाई गई स्थिति है। मैं वास्तव में प्रेरणा के लिए किसी एक व्यक्ति को धन्यवाद नहीं दे सकता। क्योंकि, इस कविता की सभी पंक्तियाँ, मेरे निकट ही, या मेरे साथ ही, या मेरे निकटतम परिजनों के साथ घट रही घटनाएँ से प्रभावित हैं। हम सभी, उन घटनाओं को देखने की इंद्रियों को, धारण करने के लिए भगवान द्वारा धन्य हैं। मैं ईश्वर का शुक्रिया अदा करता हूं, जिन्होंने मुझे मेरे समीप घट रही घटना की भावनाओं को काव्यात्मक शब्दों में बदलने का आशीर्वाद दिया हैं।

मैं प्रकाशक "Notion Press" को भी धन्यवाद देता हूं, जिन्होंने स्वयं-प्रकाशन के लिए एक कुशल ऑनलाइन मंच तैयार किया है।

भूमिका

राजन केसरी "*पंक्तिया! कुछ मेरी कुछ तुम्हारी*" पुस्तक के लेखक हैं। वह एक शिक्षक और, एक युवा रिसर्च इंटर्न हैं। उन्होंने जैवप्रौद्योगिकी, सूक्ष्म जीव विज्ञान और, जीवन विज्ञान के अन्य पहलुओं के क्षेत्र में, कुछ शोध लेख लिखे हैं। विज्ञान के साथ-साथ मनोविज्ञानी में भी उनकी काफी रुचि हैं| इसी कारण विज्ञान के भक्त होने के अलावा राजन प्रकृति के साथ-साथ लोगों की प्रकृति का भी अवलोकन करते हैं।

कविता को माध्यम के रूप में उपयोग करके जीवन के भावनात्मक, प्रेरक और संबंध पहलुओं का वर्णन करने में भी उनकी अच्छी पकड़ है। वह संचार की भाषा के रूप में अंग्रेजी में अच्छी तरह से प्रशिक्षित हैं, फिर भी उन्होंने इस पुस्तक को लिखने के लिए हिंदी को चुना। क्योंकि, उनका मानना है कि हिंदी में लिखी गई कविता संतुष्टि और समझ की शांति का उत्कृष्ट रस रखती है। इस पुस्तक में उन्होंने अपनी जीवन के कुछ अनुभवों को काव्य रस के माध्यम से बाँटने का प्रयास किया है।

इस पुस्तक की 5 कविताएं मानव जीवन के कुछ संवेदनशील पहलुओं पर ध्यान केंद्रित करती हैं जिन्हें नजरअंदाज कर दिया जाता है। इस सफलता की मांग करने वाली पीढ़ी में, हम बहुत अधिक लक्ष्यों के लिए महत्वाकांक्षी हो जाते हैं। कई लक्ष्यों की इच्छा मानसिक दबाव और समाज में हीनता की भावना के साथ आती है। भले ही हम अपने लक्ष्य को प्राप्त करने के लिए बहुत प्रयास करते हैं, लेकिन ऐसे दिन होते हैं जब हम अपने काम या किसी के नकारात्मक स्वभाव के कारण थकावट महसूस करते हैं और, असफलता की भावना हमारे दिलों को अंदर से चोट पहुँचाती

है। इस स्थिति में, हम मजबूत और साहसी होने की कोशिश कर सकते हैं, लेकिन हमारे दिल के एक छोटे से कोने से, हम चाहते हैं कि कोई हमारी संवेदनशील भावनाओं की देखभाल और समर्थन करें और हमें मानसिक और भावनात्मक रूप से मजबूत रहने में मदद करें। इन 5 कविताओं में कवि ने उन लोगों के पक्ष में बोलने की कोशिश की है जिनके पास भावनात्मक समर्थन की कमी है। इसके अलावा, ऐसा भी होता है कि काम के दौरान कई लोग अपनी जिंदगी भूल जाते हैं और, इतने व्यस्त हो जाते हैं कि वे अपने परिवार, रिश्ते और पर्यावरण को भूल जाते हैं। जो मानव जीवन का एक महत्वपूर्ण पहलू भी है। इन घटनाओं ने कवि को कविता लिखने और इस संवेदनशील मामले पर बात करने के लिए प्रेरित किया जिसे लोग हर दिन अनदेखा कर रहे हैं।

आमुख

इस पुस्तक की कविताएँ इस तेजी से बढ़ते आधुनिक युग के सामान्य लोगों से प्रेरित हैं। इस कविता की पंक्तियाँ इस तरह से बनाई गई हैं कि यह एक तालाब में पानी की तरह लगती है जहाँ एक पाठक अपनी जिज्ञासा में अशांति पैदा किए बिना उनके प्रतिबिंब को देख सकता है। यह पुस्तक पाठक से इस प्रकार जुड़ने के लिए है कि वे पाठक की भावनाओं के वक्ता के रूप में कार्य करें। इसलिए इस पुस्तक को पढ़ने से आपको एक ऐसे वक्ता का आभास होता है जो आपकी ओर से बोल रहा है। इसलिए, यह आपको एक प्रिय मित्र के साथ एक सम्मेलन की भावना देता है।

1. आ मिलो

संक्षिप्त सारांश

यह कविता व्यक्तिगत सम्मेलन के निमंत्रण के रूप में बनाई गई है। इस व्यस्त नीरस जीवन में, लोगों को वास्तविक संचार बाधाओं की समस्या का सामना करना पड़ रहा है। मनुष्य के जीवन में संचार मानसिक बीमारी को ठीक करने में महत्वपूर्ण भूमिका निभाता है। सही व्यक्ति के साथ अच्छा संचार विश्वसनीय और उदास जीवन को ठीक कर सकता है। इसलिए, यह कविता न केवल निमंत्रण से पहले की तैयारी को दर्शाती है बल्कि अपने प्रियजन की पीड़ित मानसिकता के इलाज के लिए एक व्यवस्था का सारांश भी प्रस्तुत करती है।

चाय की मेज का चित्रण

कविता यहाँ से शुरू होती है...

जितना भी उलझे हो तुम,
सुलझा देंगे तुम्हें सोच-सोच कर,
कभी जो आ मिलो तुम, शाम कि चाय पर ।

❦❦❦

जो सुनना चाहते हो तुम,
बता देंगे तुम्हें, तुम्हें सुन-सुन कर,
कभी जो आ मिलो तुम, शाम कि चाय पर ।

❦❦❦

न गेट पर, न खुद को खुद से समेत कर,
बाते करें गे तुमसे, तुम संग एकांत में बैठ कर,
कभी जो आ मिलो तुम शाम कि चाय पर ।

❦❦❦

आसमां में लाली उड़ेगी, छिपता जब प्रकाश होगा।
उस वक्त, सिर्फ तुम्हारा इंतजार होगा, और होगा इंतजार
चौखट पर,
कभी जो आ मिलो तुम शाम कि चाय पर ।

❦❦❦

कंधा झुला होगा लचकती चाल होगी।
आँखें लाल होगी बिगड़ैल बाल होगी, मिलना न हमसे खुद
को सुधार कर।

कभी जो आ मिलो तुम शाम कि चाय पर ।

❧ ❧ ❧

हाथों में हाथ कर, लाना न किसी को तान कर,
बतियाने को सिर्फ तुमसे, दो ही कुर्सियाँ लगाई हैं, घर पर।
कभी जो आ मिलो तुम शाम कि चाय पर ।

❧ ❧ ❧

यंत्र तंत्र का ताना बाना, दूर कही पर रख के आना।
विद्युत चुम्बक से सम्बन्धित, संचार की सुविधा, वर्जीत है
चाय पर।
कभी जो आ मिलो तुम शाम कि चाय पर ।

❧ ❧ ❧

खोल देना किवाड़ पर तुम,
जिम्मेदारियाँ पाओ से उतार कर,
कभी जो आ मिलो तुम शाम कि चाय पर ।

❧ ❧ ❧

पलकों में पानी लिए, बाँहों से बाँहें पखार कर,
कुछ ऐसे मिलेंगे हम तुमसे अपने द्वार पर,
कभी जो आ मिलो तुम शाम कि चाय पर ।

❧ ❧ ❧

समय से जित कर तुम्हें, तुम्हें प्रश्नों से बाँधेंगे।
मिलेंगे तुमसे हम सब कुछ हार कर।
कभी जो आ मिलो तुम शाम कि चाय पर ।

❧❧❧

स्वागती भाषण में हमारे ऐसा टंकार होगा।
के मुहल्ले में दूर तक, बवाल होगा, फुट पड़ेंगे स्वर, यु
आपको देखकर।
कभी जो आ मिलो तुम शाम कि चाय पर।

❧❧❧

सावन के बूंदों में घुलेगी, बहारों की लाली,
बातों की मिठास संग होगी अनुभव की छाली, फिर जीयेंगे
इसे होंठ से लगाकर।
कभी जो आ मिलो तुम शाम कि चाय पर।

❧❧❧

सूर्य पर पर्दा डाल चाँद को नैनों में भरकर,
बाते होगी आपसे, जी भरकर।
कभी जो आ मिलो तुम शाम कि चाय पर।

❧❧❧

देवों सा आपका सत्कार करेंगे
कुछ इस तरह से बातों का विस्तार करेंगे,
आँखें रहेगी न आपकी वक्त पर |
कभी जो आ मिलो तुम शाम कि चाय पर |

❧❧❧

2. बीज

संक्षिप्त सारांश

इस कविता का निर्माण पृथ्वी पर एक निस्वार्थ रहने वाले समुदाय की उपस्थिति को सही ठहराने के उद्देश्य से किया गया है। यह पौधों का समुदाय है। आज जब शारीरिक सुख की तलाश में लोग स्वार्थी और पापी होते जा रहे हैं, यह कविता एक ऐसे समुदाय के चरित्र को दर्शाती है जो अपनी रचना के समय से ही अपने कर्तव्य को नहीं भूला हैं| यह कविता न केवल बीज या पौधे के जीवन चक्र का सारांश प्रस्तुत करती है, बल्कि पृथ्वी पर रहने वाले सभी लोगों के लिए उनके निस्वार्थ कार्य को भी दर्शाती है। हमें उनकी उपस्थिति को नज़रअंदाज़ करने के बजाय पृथ्वी पर सच्चे सुख के लिए उनके बलिदान को पहचानना चाहिए। इसके अलावा, हमें न केवल उनके बलिदानों से प्रेरित होना चाहिए बल्कि उनके समुदाय को धरती पर बढ़ने में भी मदद करनी चाहिए।

मिट्टी को सहारा देने वाले पेड़ का चित्रांकन

कविता यहाँ से शुरू होती है...

मन में धैर्य धरी, राग भैरवी आगामी की प्रीत से,
शुरू होती हैं हर कहानी एक आसा के बीज से ।

❧ ❧ ❧ ❧

धरणी के भीतर धीरज, मानो कंबल तान के सोता है ,
दंडाणु, कीटाणु, शलाकाणु, जहरीले जीवाणु, सब सहता चुप
रहता हैं।

❧ ❧ ❧ ❧

कई सदियों पुराना नींद से एक रोज जगाना होता हैं।
हर रोज उससे धरती के भीतरी ही नहाना होता हैं।

❧ ❧ ❧ ❧

हाथ पैर खोल गर्भ में मानो शिशु खेलने लगता हैं।
होके चौड़ा, हर रोज थोड़ा-थोड़ा संघर्ष फैलने लगता हैं।

❧ ❧ ❧ ❧

छूने असमान कि कोशिश में सुबह सूरज से साक्षात्कार
हुआ।
वरदान में उसे रंग द्रव्य का आजीवन श्रृंगार प्राप्त हुआ।

❧ ❧ ❧ ❧

इसी वरदान ने ना सिर्फ उस पौधे का उधार किया,
चर अचर जीव , सब नर नारी, पथिक प्राण के अधिकारी,
उन सब का , हाँ हाँ उन सबका बेड़ा पार किया।

❧❧❧

उस अद्भुत श्रृंगार से धरती कुछ ऐसी सज जाति ।
देख लोचन की आऊँ पहले से काफी जादा बड़ जाति।

❧❧❧

उसी श्रृंगार के सहारे पौधा यावज्जीवन अपना पालन पोषण
करता हैं।
पत्ता-पत्ता और डाली-डाली ऊपर को चढ़ा करता हैं ।

❧❧❧

खड़ा पैर पर होकर जब इसका जड़ जोर पकड़ता हैं।
मात माटी कि सेवा ये हर मौसम में करता हैं।

❧❧❧

लक्ष्य इसका जीवन में केवल परोपकार संग्रह करना होता
हैं।
उसी संग्रह की आशा से यह दान दक्षिणा करता हैं।

❧❧❧

दान भावना में ही यह अंत कटता और बटता हैं।
किसी के ऊपर भी यह न इल्जाम उसका धरता हैं ।

❧❧❧

कभी कही सांसारिक अग्नि में इसके शरीर का संहार हुआ।
कभी कही कार्य में लग के इसका अंतिम संस्कार हुआ।

❧❧❧

इसके संत जीवन को प्रकृति रोज कुछ ऐसे सम्मान करें,
कही कलम बांध दे इसका, कही बीज को थामा करें।

क्यों न हम इसके कुछ लक्षण जिंदगी में उतारा करें,
लगा के एक बूटे को इसका जन्म दोबारा करें |

अपनी आने वाले संतति को कुछ ऐसे हम सँवारा करें,
जिस फल को खाए उसका बीज धरती में गाड़ा करें।

3. थोड़ा वक़्त तो दो!

संक्षिप्त सारांश

यह कविता सही समय के लिए धैर्य के महत्व के बारे में बात करती है। तेजी से बढ़ते प्रतिस्पर्धी समाज ने एक मानसिकता पैदा कर दी है कि हर कोई आपके आस-पास हर किसी के साथ दौड़ में है। कोई फर्क नहीं पड़ता कि आप क्या करते हैं। तत्काल परिणाम समाज की प्रमुख मांग है। भले ही हम दुनिया को बहुआयामी रेसिंग प्रतियोगिता से नहीं रोक सकते हैं, हमें यह समझना चाहिए कि एक पेड़ या जीवन का फल दोनों, पकने की एक विशिष्ट अवधि के बाद ही खाने योग्य होता है। किसी पेड़ के फल का समय से पहले पकना या कृत्रिम रूप से पकने के उद्देश्य से जीवन की सफलता एक विषैला परिणाम उत्पन्न करेगी। इसलिए, हमें दौड़ में होने के लिए न तो बहुत जल्दी में होना चाहिए और न ही दूसरों भागने को पीड़ा देना चाहिए। हमेशा कम्पटीशन लड़ना और भागना आपको कहीं नहीं ले जाएगा। सच्ची उपलब्धि और स्वस्थ फल हमेशा अपने मौसमी समय में ही आते हैं। तब तक बिना हारे धैर्य के साथ संकल्प प्राप्ति की तैयारी करते रहें।

विकास के लिए और समय कि मांग का चित्रण

कविता यहाँ से शुरू होती है...

थोड़ा वक़्त तो दो !
बोया तुमने जो, वो फल जायेगा,
रस उस फल का, तू पाये-गा,
तेरा, जर्रा- जर्रा फिर खिल जायेगा,
लफ्ज रस से मल तो दो,
थोड़ा वक़्त तो दो !

❧❧❧

थोड़ा वक़्त तो दो !
जो छोड़ गया वो लौट आयेगा,
करतब रंग-बिरगे वो दिख लाएगा,
एक सबक वो तुझको सिख लाएगा,
बंजर किस्मत को हल तो दो,
थोड़ा वक़्त तो दो !

❧❧❧

थोड़ा वक़्त तो दो !
के जैसे सुख घटे हैं तेरे,
दुख भी एक दिन कट जायेगा,
तू औरो को, फिर ये समझाएगा,
पहले खुद को समझा तो दो,
थोड़ा वक़्त तो दो !

❧❧❧

थोड़ा वक़्त तो दो !
दूध एक कूप, हैं उसमें छाली,
कुछ पतियों संग गुड भी घुला-ली,
चढ़ा गैरो पर रिश्तों की लाली,
तुम चाय को पूछ तो दो,
थोड़ा वक़्त तो दो !

❧❧❧

थोड़ा वक़्त तो दो !
के रंग तेरा कला या गोरा,
थोड़ा साबुन सोडा, पानी थोड़ा-थोड़ा,
और सबने हैं मिल के बड़ा निचोड़ा,
तुम सवार किसी का ढंग तो दो,
थोड़ा वक़्त तो दो !

❧❧❧

थोड़ा वक़्त तो दो !
देख सफेद परचे , स्याही का कमल,
के पल में करती बच्चे हलाल,
जिस दिन पूछ बैठे सही सवाल,
सियासत सिखा-दे तुम्हें कलम तो दो,
थोड़ा वक़्त तो दो !

❧❧❧

थोड़ा वक़्त तो दो !
चार टेबल के चार हैं दफ्तर,

खेल रहे हैं सब चक्कर- चक्कर,
जब चक्कर खायेगा सब समझ जायेगा,
जरा बढ़ जाने झंझट तो दो,
थोड़ा वक़्त तो दो!

❦❦❦

थोड़ा वक़्त तो दो !
एक खटिया हैं दो हैं भाई,
जा खटिया की अब टूटी बुनाई,
तागे बुनता अब कौन सा भाई,
तुम मचिये पर दम तो दो,
थोड़ा वक़्त तो दो !

❦❦❦

थोड़ा वक़्त तो दो !
एक सीसे में रख दो विचार,
कभी चीनी डाल , कभी मिर्च तर्रार,
आज रिश्तों का बन रहा आचार,
कभी भाव को परोस तो दो,
थोड़ा वक़्त तो दो !

❦❦❦

थोड़ा वक़्त तो दो !
दो थे अंकुर ,थे साथ बोआए,
एक ही नदिया , दोनों को भिगोये,
अब कौन फूटे पहले कैसे दिखाए,
आशा को तुम थोड़ा सब्र तो दो,

थोड़ा वक़्त तो दो !

थोड़ा वक़्त तो दो !
आज एक समस्या सौ हैं ताने,
सब अपनी ही मन की माने,
सुलझ जाएगी सबकी, हर एक उलझन,
बातें, गौर से सुन तो दो,
थोड़ा वक़्त तो दो !

थोड़ा वक़्त तो दो !
तुम जज़्बातों को थाम तो लो,
उन्हें किसी का नाम तो दो,
छन-भर बाते जीवन भर गाते,
जरूरत पे किसी-को हाथ तो दो,
थोड़ा वक़्त तो दो !

थोड़ा वक़्त तो दो !
जो पत्थर बन फिरा करती हैं,
वो दुनिया हीरा पहना करती हैं,
चमकाने से चमकेगा आज पत्थर भी,
पत्थर जौहरी के हाथ तो दो,
थोड़ा वक़्त तो दो !

थोड़ा वक़्त तो दो !
गड़ा भूख का कटा सा हैं,
सुना किसी-ने, ये सन्नाटा सा हैं,
देखो भर जायेगा पेट भी खली,
मीठे बाते तुम, बोल तो दो,
थोड़ा वक़्त तो दो !

❧❧❧

थोड़ा वक़्त तो दो !
बारिश को अब बह जाना हैं,
मिट्टी को फिर उसने महकाना हैं,
बड़ी बैसाखी लाने को मन में,
कूच बीजों को बो तो दो,
थोड़ा वक़्त तो दो !

❧❧❧

थोड़ा वक़्त तो दो !
बातों को नया मीत तो दो,
होंठों को पुराना गीत तो दो,
सुर नया लगेगा आज मुझ से,
तुम छेड़ नया संगीत-तो दो,
थोड़ा वक़्त तो दो !

❧❧❧

थोड़ा वक़्त तो दो !
के घनघोर अंधेरा छाया-छाया हैं,
जीवन जख्मों से झुँझलाया पाया हैं,

सब प्रभु की मोह-माया हैं,
तुम भक्ति में मन तो दो,
थोड़ा वक़्त तो दो !

4. नौकरी के करतब

संक्षिप्त सारांश

यह कविता आम कर्मचारी के जीवन की छिपी भावना को उजागर कर रही है। हम आम तौर पर चीजें हर कोई बहुत अच्छी कमाई कर रहा है। लेकिन सभी को समान खुशी के साथ भुगतान नहीं किया जाता है। कई कर्मचारियों को अपने जीवन और अपनी नौकरी के साथ संतुलन बनाने के लिए बहुत कुछ समायोजित करना पड़ता है। नौकरी के स्थान पर सब कुछ और सभी को प्रबंधित करने के लिए, उन्हें अपने व्यक्तित्व में जहरीले परिवर्तन का भी सामना करना पड़ता है। एक कार्यकर्ता के रूप में, सभी को यह समझना चाहिए कि एक कर्मचारी गुलाम नहीं होता है। इसलिए यह कविता कई जुबानों की स्थिति बयां करती है जिन्होंने चुप रहने के लिए समायोजन किया है।

अपने कर्मचारी के प्रति नियोक्ताओं के चरित्रों का चित्रण

कविता यहाँ से शुरू होती है...

आजादी को भूल दास ,धर्म को अपनाना होता है,
घर की गृहस्थी को भूल, स्वाभिमान को रौंद के जाना
होता है
आज नौकरी करने को कुछ ऐसे करतब दिखलाना होता है।
के कभी बंदर सा नाच कर, तो कभी कुत्ते सा चाट कर,
दिखलाना होता है।

सच झूठ के भेद भाव को भूल, सामान्य स्वभाव दिखलाना
होता है,
अपनी जिंदगी को भूल, बेवक्त काम करते जाना होता है,
आज नौकरी करने को कुछ ऐसे करतब दिखलाना होता है,
के कभी चोर सा छुप के, तो कभी मोर सा दिखा के,
बस काम खत्म कर के जाना होता है।

शौक़ सारे भूल जाओ, काम ही शौक़ हैं काम की सुकून,
बताना होता है,
सैर सपाटा भूल जाओ, यादों में घूम के आना होता है,
आज नौकरी करने को कुछ ऐसे करतब दिखलाना होता है।
के कभी खाना छोड़ के तो कभी दोस्ती को तोड़ के,
बस काम करते जाना होता है।

ऐसा दीवाना हुए के, दिन, दिवस सब भूल गए,
बस पहली तारीख का इंतजार होता है।
इतना व्यस्त हुए के समय क्या है भूल गए,
अब तो बस छुट्टी का वक्त याद होता है
आज नौकरी करने को कुछ ऐसे करतब दिखलाना होता है,
के कभी बुखार का बहाना मार कर तो कभी किसी को
झूठा मारकर,
घर घूम के आना होता है।

॥ ॐ ॐ ॐ ॥

वास्तव में हम क्या थे, हम भूल गए,
मालिक जो बोले करना होता है।
अपनी कीमत क्या थी, हम भूल गए,
फेंके पैसे उठाना होता है,
आज नौकरी करने को कुछ ऐसे करतब दिखलाना होता है,
के कभी ग्राहक से शिकारी बनकर, तो कभी भिखारी
बनकर,
रुपया लेके आना होता हैं।

॥ ॐ ॐ ॐ ॥

काबिलीयत क्या थी, हम भूल गए,
तनख़्वाह के लिए कुछभी होता है।
मान अपमान सब भूल गए,
गालियों से खाना पचाना होता है।
आज नौकरी करने को कुछ ऐसे करतब दिखलाना होता है।
के कभी जिंदा रहकर तो कभी मुर्दा बनकर,

जीते जाना होता है।

तनख़्वाह तो बस नाम की है, कर्ज लेकर जिंदगी बिताना
होता हैं|
जैसा कर्जा लिए तुमने सूद, वैसा ही चुकाना होता हैं|
आज नौकरी करने को कुछ ऐसे करतब दिखलाना होता है,
के कभी मालिक के विफलता में भाग लेना होता है, तो
कभी मालिक के पाप में।

5. कहा मिलेंगे हम?

संक्षिप्त सारांश

यह कविता शाश्वत सत्य का औचित्य है, भले ही हम इसे पसंद करें या न करें, जिसे आप समझ रहे हैं कि आपके लिए हमेशा उपलब्ध है, अंततः एक दिन आपको और इस दुनिया को छोड़ देगा। हम माने या न माने लेकिन हम सोचते हैं कि हमारे आसपास के लोग सामान्य हैं और वे ऐसे ही रहते हैं। यह कविता आपके आस-पास आपके प्रियजनों के महत्व को दर्शाती है। यह समय, ब्रह्मांड, और जीवन के विभिन्न पहलुओं के संबंध में आपके परिवार और दोस्तों के संबंध की स्थिति के बारे में भी बात करता है, जो एक इंसान की ज्ञात अवधारणाओं के आसपास है। यह आपके प्रियजनों के साथ आपके समय के महत्व के बारे में भी बात करता है जो कि जीवन की एकमात्र उपलब्धि है।

मल्टीवर्स सिद्धांत का काल्पनिक

कविता यहाँ से शुरू होती है...

मांस और हड्डियों की एक मीनार है,
इसे बना के रथ शाश्वत सवार हैं,
दौड़ रहा रथ , घोड़े की बस दो टांग हैं,
एक बार जो उतरे अंबर को विमान ले उड़ चलेंगे हम |
यहां जो बिछड़े ना,
फिर पता नहीं कब और कहा मिलेंगे हम ?

❧ ❧ ❧

दुनिया देखे ना खाना बस देखे थाली,
किसी को कहा मालिक किसी को मवाली,
एक बार जो खाना खत्म हुआ निज धाम चलेंगे हम |
यहां जो बिछड़े ना,
फिर पता नहीं कब और कहा मिलेंगे हम?

❧ ❧ ❧

कभी करते है काम तो कभी बैठे है खाली,
पेड़ो की शाखाओं पे झूल रहे है डाली-डाली,
एक बार जो पकड़ छूटी न गहरी खाई में गिर पड़ेंगे हम |
यहां जो बिछड़े ना,
फिर पता नहीं कब और कहा मिलेंगे हम?

❧ ❧ ❧

सीधा है रास्ता मगर भू तो गोल है,

सफर में काफ़ी झोल मोल है,
एक बार जो चल पड़े फिर आने में मखौल है,
सबको छोड़ के आगे चल पड़े हम |
यहां जो बिछड़े ना,
फिर पता नहीं कब और कहा मिलेंगे हम?

❧ ❧ ❧

अनंत गगन में बिछी गणनीय तार है, दुनिया भर में बैठे
कई यार है,
हर वक्त कर रहे बात विचार है,
एक बार जो रूठे फिर बोलेंगे न हम |
यहां जो बिछड़े ना,
फिर पता नहीं कब और कहा मिलेंगे हम?

❧ ❧ ❧

अपने समय की एक तार है उससे जुड़ा अपना सारा संसार
है,
सबसे अलौकिक ये वर्तमान है,
दौड़ रहे भविष्य को लेके, अपना सारा सामान है,
एक बार कोई वर्तमान में छुटा न, फिर भविष्य में कैसे
जीयेंगे हम ?
यहां जो बिछड़े ना,
फिर पता नहीं कब और कहा मिलेंगे हम?

❧ ❧ ❧

समय मारता ऐसी मार है , कभी स्वस्थ हम कभी बीमार
है,

जो मुश्किलों में मिले वही यार है,
फिर क्यों बातों की तकरार है,
एक बार जो उलझे दुनियादारी में , फिर भूल से ही मिलेंगे
हम |
यहां जो बिछड़े ना,
फिर पता नहीं कब और कहा मिलेंगे हम?

❧❧❧

अनंत ब्रह्मांड एक अद्भुत विचार है,
हर दिशा में ब्रह्मांड की लगी अनंत कतार है,
एक बार रवाना हुए न फिर पता नहीं , किस दुनिया जा
गिरेंगे हम?
यहां जो बिछड़े ना,
फिर पता नहीं कब और कहा मिलेंगे हम?

❧❧❧

मोह बड़ा इस जगत से है, हम इसके बड़े कामी
एक आयाम में छुपे है कई बहुआयामी,
किस में जा छुप जाए, ये श्री राम ही जानी,
एक बार जो छुप गए न खोजे ना मिलेंगे हम,
यहां जो बिछड़े ना,
फिर पता नहीं कब और कहा मिलेंगे हम?

❧❧❧

छोड़ माया को तू मन की ना मान,
बैठ वहाँ पे जहाँ मिले सम्मान,
लोगों को जीत जनजाति को पहचान,

पता नहीं की किस क्रम परिवर्तन और संयोजना से परिजन
परिवार से मिले है हम!
यहां जो बिछड़े ना,
फिर पता नहीं कब और कहा मिलेंगे हम?

कभी बातों में, तो कभी रातों में,
कभी यादों में, तो कभी वादों में,
कभी किसी संग किए हास में, तो कभी उपहास में,
बस पल भर के लिए, दिख जाएंगे हम |
यहां जो बिछड़े ना,
फिर पता नहीं कब और कहा मिलेंगे हम ?

नश्वर प्राणी के भीतर रहता अविनाशी प्राण हैं,
ज्ञान मान ले ये वो अद्भुत इंसान है,
रोक सका न कोई, ये पथिक प्राण हैं,
एक बार जो उड़ा विमान असीम अंबर को उड़ चलेंगे हम |
यहां जो बिछड़े ना,
फिर पता नहीं कब और कहा मिलेंगे हम ?

धन्यवाद पत्र

इस पुस्तक को खरीदने के लिए मैं आपका हृदय से धन्यवाद करता हूँ। मुझे आशा है कि यह पुस्तक आपकी अपेक्षाओं पर खरी उतरी है। मुझे विश्वास है कि इस पुस्तक की पंक्तियों ने आपके दिल तक जाने का रास्ता खोज लिया है और आपने इस पुस्तक के साथ एक जुड़ाव पाया है। चूँकि इस पुस्तक से मेरा मुख्य उद्देश्य इन पुस्तकों की पंक्तियों को इसके पाठक से जोड़ना है और यही कारण है कि मैंने शीर्षक का नाम *"पंक्तियां: कुछ मेरी कुछ तुम्हारी"* रखा है।

कृपया मुझे अपने विचारों के बारे में प्रतिक्रिया भेजने के लिए स्वतंत्र महसूस करें। मुझे आपके मेल का बेसब्री से इंतजार रहेगा। अगर आपको मेरे काम के बारे में कोई शिकायत या सलाह भी है तो कृपया मुझे बताएं। आपकी प्रतिक्रिया मेरे लिए बहुत महत्वपूर्ण है क्योंकि इससे मेरा मन अगली पुस्तक के लिए अग्रसर होगा | आशा करते है की आपको एक जानकार पाठक के जीवन का आनंद प्राप्त हो और आप जो कुछ भी पढ़े वह आपकी जिज्ञासा को शांति प्रदान करने में आपकी मदद करेगा|

धन्यवाद

राजन केसरी

(कवि)

Email:- rklfu00@gmail.com